QUESTIONS DE DROIT

RELATIVES AUX

BUREAUX DE BIENFAISANCE

PAR

M. Victor ADVIELLE (d'Arras),

Membre du Conseil général de la Société pour la conservation des Monuments,
des Sociétés des Antiquaires de la Morinie, de la Normandie,
de l'Ouest, du Centre, etc.,
des Commissions du Musée et de la Bibliothèque d'Arras,
de l'Académie d'Arras, de l'Académie delphinale, de l'Académie de l'Histoire de la patrie de Palerme, de l'Association nationale des Sciences, Lettres et Beaux-Arts de Naples,
du Cercle artistique et littéraire d'Anvers, etc., etc.,
Lauréat de plusieurs Sociétés savantes,
Commandeur et Chevalier de plusieurs Ordres.

PARIS
LIBRAIRIES PAUL DUPONT, COTILLON, DURAND.

1874.

J'ai publié, il y a quelque temps (1), des considérations sur l'assistance publique dans les campagnes. Depuis lors, j'ai profité de certaines circonstances de ma carrière administrative pour approfondir plusieurs points de doctrine et de jurisprudence relatifs aux bureaux de bienfaisance.

Je résume ci-après le résultat de mes études à cet égard.

*
* *

Une loi importante, due surtout à l'initiative de MM. Tallon et de Melun, députés à l'Assemblée nationale, a été votée le 21 mai 1873.

Aux termes de l'article 1er de cette loi, les curés des paroisses deviennent *membres de droit* des commissions administratives des bureaux de bienfaisance.

Les commissions administratives de ces établissements seront donc composées dorénavant :

1° Du Maire et du Curé, *membres de droit*.

2° De 5 membres *nommés* par le Préfet, sur la proposition de ces commissions.

*
* *

L'on pouvait espérer que cette loi serait connue dans la plus petite bourgade, dès sa promulgation. Il n'en fut point malheureusement ainsi. — Même dans la banlieue de Paris, un certain

(1) Journal *le Constitutionnel*, nos des 16 et 17 mai 1873. — Ce travail a été reproduit dans l'*Enquête parlementaire sur l'organisation de l'Assistance publique dans les campagnes*. (Versailles, 1874, tome 1er, in-4°, seconde partie, pages 288 et suivantes).

C'est un grand honneur, auquel j'ai été sensible, et dont je remercie l'éminent secrétaire de la Commission, M. Tallon, député.

nombre de secrétariats de Mairie en ont ignoré les dispositions jusqu'au jour où il s'est agi de faire les renouvellements périodiques de fin d'année. Alors on s'est aperçu que les curés, devenus membres de droit, n'avaient point été installés, en cette qualité ; qu'on avait négligé de leur donner un successeur dans les localités où, précédemment, ils faisaient partie du bureau comme membres nommés ; que les propositions de nomination et de renouvellement des membres étaient toujours faites par *les Maires*, malgré les dispositions de l'article 4 de la loi nouvelle, qui attribue cette prérogative aux *Commissions administratives*.

Plusieurs préfets, même des départements de première classe, avaient, de leur côté, négligé de se conformer aux usages qui veulent que les principales lois soient portées à la connaissance des maires par la voie du *Recueil administratif*.

Une telle ignorance en bas, une telle négligence en haut, dit assez où en est encore, malgré d'assez dures leçons cependant, la bureaucratie administrative, surtout dans les préfectures et dans les mairies.

***

Les curés n'auraient jamais dû être écartés des bureaux de bienfaisance, parce qu'il est des pauvres honteux qu'eux seuls peuvent décemment secourir. Mais qu'adviendrait-il si un certain nombre de curés donnaient leur démission de membres de droit de ces établissements ? Ils créeraient forcément des vacances qui se prolongeant indéfiniment, seraient préjudiciables à l'assistance locale. Tout récemment, un curé a donné sa démission des fonctions de membre de droit d'un bureau de bienfaisance, ne voulant pas, disait-il, siéger avec ses confrères qu'il qualifiait durement. Ces cas sont heureusement fort rares. — Ils seront encore plus rares si l'autorité préfectorale use avec fermeté de son pouvoir discrétionnaire pour la composition des futures commissions. Au reste, dans ces circonstances, l'intervention des évêques empêcherait, sans doute, des démissions qui ne seraient point complètement justifiées.

***

Des mesures de rigueur sont rarement prises contre les membres des bureaux de bienfaisance. Leur âge, le caractère pacifique de leurs fonctions, semblent devoir, en effet, les en garantir.

Les journaux nous ont appris, cependant, qu'un maire avait été révoqué pour avoir modifié le texte d'une délibération du bureau de bienfaisance, et qu'un préfet avait suspendu un maire pour refus de convocation des membres du bureau de bienfaisance. Les temps agités que nous traversons peuvent seuls expliquer de pareils écarts.

*
* *

Aux termes de l'ordonnance du 31 octobre 1821, les membres des bureaux de bienfaisance doivent avoir leur domicile réel dans le lieu où siégent ces administrations. Cette prescription n'était point toujours appliquée; aussi a-t-elle, de nouveau, éveillé la sollicitude de l'autorité. Par sa circulaire du 25 juin 1873, M. le ministre de l'intérieur dit aux préfets :

« N'hésitez pas à écarter de ces fonctions les hommes qui n'y « chercheraient qu'un titre honorifique et qui, n'en considérant que « le caractère gratuit, seraient tentés, par cela même, de les sup- « poser exemptes de toute responsabilité. »

*
* *

Il faut éviter aussi — ajoute le ministre — que le système de présentation aboutisse, comme on l'a vu trop souvent, à l'immuabilité du personnel des commissions. Afin que le droit de présentation ne devienne, entre les mains des commissions, un moyen de se perpétuer indéfiniment, vous exigerez que la liste des candidats proposés, pour chaque vacance, ne contienne que des noms également dignes de votre choix, de manière à vous laisser une entière liberté de décision.

Les vœux du Ministre ne se sont point réalisés, et la nouvelle méthode de présentation a produit des résultats absolument identiques au passé. Les mêmes hommes ont été présentés à nouveau presque partout, et il en sera de même, à n'en point douter, les années suivantes, jusqu'au jour où, par une mesure radicale, l'on décidera « que les membres sortants ne sont point rééligibles, » et que l'on fixera une limite d'âge pour la cessation d'office des fonctions publiques.

*
* *

L'art. 4, § 6, de la loi du 21 mai 1873, dispose que « si le remplacement a lieu dans le cours d'une année, les fonctions du nouveau membre expirent à l'époque où auraient cessé celles du membre qu'il a remplacé. »

J'ai souvent constaté que les Maires et les membres des bureaux de bienfaisance interprètent inexactement cette disposition législative, et que, suivant eux, tout membre quelconque est censé nommé pour cinq ans. De sorte que, lorsqu'il y a lieu de procéder, en fin d'année, au renouvellement d'usage, l'on fait une telle confusion entre les personnes, que M. A... est désigné comme membre sortant, tandis qu'en réalité, le membre sortant est M. B... — D'où la nécessité, pour les commissions administratives des bureaux de bienfaisance, de faire de nouvelles présentations.

Ces erreurs sont dues en grande partie à l'insuffisance notoire du personnel des mairies, et, peut-être aussi, à cette circonstance que les formules ou arrêtés de nomination des membres du bureau de bienfaisance sont trop laconiques.

Cette formule, donnée comme type au *Bulletin de l'Intérieur* (1852, p. 245), et généralement admise dans les préfectures, renferme ces seules énonciations :

« M.... est nommé membre du bureau de bienfaisance de.. ...... en remplacement de M.... (démissionnaire, décédé, *ou* dont les pouvoirs sont expirés).

« En conséquence, le bureau se trouve composé de M.M..... encore en exercice, et du (des) membre ci-dessus désigné. »

Je propose de substituer à cette formule celle ci-après :

« M... est nommé membre du bureau de bienfaisance de... pour cinq années, qui commenceront le 1er janvier 187.., (*ou :* pour remplir ces fonctions jusqu'au 31 décembre 187..), en remplacement de M..., dont les pouvoirs sont expirés, (*ou* décédé, démissionnaire).

« En conséquence, le bureau se trouve composé, outre le Maire et le Curé, membres de droit, de :

M. — — dont les pouvoirs prendront fin le 31 déc. 1874.
M. — — — — — — idem. — — — — — — — idem. 1875.
M. — — — — — — idem. — — — — — — — idem. 1876.
M. — — — — — — idem. — — — — — — — idem. 1877.
M. — — — — — — idem. — — — — — — — idem. 1878. »

L'adoption de cette dernière formule éviterait, selon moi, le renouvellement des erreurs que je signale.

*
* *

L'article 3 de la loi du 21 mai 1873 est ainsi conçu :

« La présidence appartient au maire ou à l'adjoint ou au conseiller municipal remplissant, dans leur plénitude, les fonctions de Maire. »

Cette disposition de la loi nouvelle, qui ne fait, au reste, que confirmer des lois antérieures, est aussi quelquefois interprétée inexactement.

Un maire a notamment écrit ce qui suit à un sous-préfet :

« Vous me dites que les adjoints ne doivent point assister aux délibérations de la commission du bureau de bienfaisance, et cependant l'article 3 de la loi des 2 mars et 25 mai 1872, et 21 mai 1873, dit que la présidence appartient au maire, ou à l'adjoint ou au conseiller municipal remplissant, dans leur plénitude, les fonctions de Maire. »

Il lui fut répondu :

« Aux termes de cette loi, le maire, ET, A SON DÉFAUT, l'adjoint ou le conseiller municipal, qui le remplace légalement, c'est-à-dire celui qui est investi de la plénitude des fonctions du maire *absent* ou *empêché*, préside la commission.

« Il faut donc que le Maire soit *absent* ou empêché de remplir *la totalité* de son service municipal pour qu'un adjoint puisse le remplacer auprès de la commission.

« Un maire ne pourrait, par exemple, déléguer à un adjoint cette partie spéciale de ses attributions.

« Dans l'espèce, il y avait, à cet égard, une grave infraction à la loi, en raison de ce que vous présidiez la séance, et qu'en même temps *vos deux adjoints* y assistaient.

« En d'autres termes, lorsque vous êtes présent aux séances du bureau de bienfaisance, ni les adjoints, ni aucun conseiller municipal ne peuvent y assister. »

***

Il est de principe que les revenus des bureaux de bienfaisance doivent être employés en secours *en nature*. Cependant, la plupart de leurs budgets portent un crédit sous ce titre : *secours en argent*, qui a provoqué les critiques de certains économistes, plus théoristes que pratiques. J'ai recherché l'emploi qui était fait de ce crédit, et j'ai constaté qu'il était affecté spécialement au soulagement des misères honteuses, les plus dignes d'intérêt assurément, et des familles non habituellement secourues, dont les effets mobiliers sont engagés au Mont-de-Piété. Une partie de ce crédit est, en outre, employée à payer des loyers arriérés, à renvoyer des indigents dans leur pays d'origine. — Il reçoit donc une destination légale, et j'affirme que, sans ce crédit, il serait impossible, dans certaines localités avoisinant les grandes villes, de venir en aide à de graves infortunes.

***

Le Ministre de l'Intérieur a rappelé dans sa circulaire du 29 juin 1873 — interprétative de la loi du 21 mai précédent — que les bureaux de bienfaisance ont des revenus propres et une existence *indépendante*, et que, dès lors, les conseils municipaux n'ont point à s'immiscer dans l'administration charitable et à usurper ses fonctions, même quand un établissement est plus ou moins doté par la commune. Il y avait, en effet, dans quelques localités, une véritable tendance de la part des conseillers municipaux à annihiler le plus possible l'action des bureaux de bienfaisance. Ainsi, j'ai récemment constaté ce fait regrettable : la commission administrative d'un bureau de bienfaisance avait, en cours d'exercice seulement, voté, par délibération spéciale, un crédit de 250 francs sous ce titre : *Traitement du médecin des pauvres*. Appelé à émettre son avis sur ce vote, conformément à la loi du 18 juillet 1837, le conseil municipal prit la résolution suivante : « N'approuve pas « l'ouverture du crédit de 250 francs, parce qu'au début de l'année » 1873, le médecin avait promis l'exercice gratuitement. »

Le conflit né de ces votes contraires n'eut pas de suite, parce que, immédiatement, le médecin fit connaître qu'il renonçait à tout traitement pour l'année 1873. Mais si l'affaire eût suivi son cours, nous pensons que le Préfet eût dû approuver la délibération du bureau de bienfaisance, attendu que les établissements charitables ont une vie propre et indépendante, et que, s'ils sont les auxiliaires des municipalités, et relèvent d'elles dans plusieurs cas, cette sorte de tutelle que les conseils municipaux exercent sur les bureaux de bienfaisance ne s'étend pas jusqu'à pouvoir s'opposer au vote, par ces derniers, des dépenses obligatoires. — Au reste, dans l'espèce, le conflit était né de mésintelligences politiques locales.

*
* *

Les recettes communales et les contributions directes donnent lieu, chaque année, à l'établissement d'états de cotes irrécouvrables. Les bureaux de bienfaisance, dont les revenus sont moins aléatoires, présentent fort rarement de ces sortes d'états. En 1873, cependant, un bureau de bienfaisance prit une délibération pour déclarer irrécouvrable une somme de 250 fr. que la Société des steeple-chases de France aurait dû lui payer, aux termes d'un traité, si, comme les années précédentes, elle avait fait courir sur son territoire, ce qui n'eut point lieu, par suite de la dissolution de la Société. — Le Sous-Préfet de l'arrondissement approuva cette délibération et l'état qui y était annexé, en conformité de l'article 6 du décret du 13 avril 1861 et de la circulaire interprétative du 18 mai suivant, ainsi conçue :

« L'approbation des budgets et des comptes des bureaux de « bienfaisance appartiendra aux sous-préfets, quelle que soit la « quotité des revenus de ces établissements. Ils auront aussi, par « conséquent, le droit de statuer sur les ouvertures de crédits sup- « plémentaires, les chapitres additionnels, les reports, LES NON- « VALEURS. »

Malgré les termes formels de la loi, et surtout de la circulaire ministérielle du 18 mai 1861, le Préfet reprocha au Sous-Préfet d'avoir approuvé cet état, et prétendit que les admissions en non-valeurs ayant une certaine importance au point de vue des intérêts financiers des établissements charitables, il entendait, pour l'avenir, statuer sur ces affaires.

Un sous-préfet ne peut pas décemment, prudemment même, entamer avec un préfet une polémique, même sur des questions de principes. On se borna donc à présenter respectueusement quelques considérations tendant à établir qu'aux termes du décret et de la circulaire précitée, les sous-préfets sont compétents pour statuer sur les non-valeurs ; à faire remarquer que la décision préfectorale porterait une grave atteinte, non justifiée, aux attributions déjà très-restreintes des sous-préfets, et qu'en fait, on ne voyait pas en quoi l'autorité préfectorale pouvait avoir intérêt à vouloir statuer directement sur les non-valeurs *excessivement rares* des établissements de bienfaisance.

Ces explications ne satisfirent point le Préfet, qui répliqua dans les termes suivants :

« En réponse à la lettre par laquelle je vous ai engagé à me soumettre, désormais, les états de non-valeurs des établissements de bienfaisance, vous insistez pour revendiquer ces affaires, comme rentrant dans vos attributions, aux termes du décret du 13 avril 1861.

« Ce décret n'est pas rendu dans des termes aussi absolus que vous paraissez le croire.

« L'article 6 dispose, en effet, que les sous-préfets statueront désormais, soit *directement*, soit par *délégation du Préfet, sur les affaires*, etc.

« Cette rédaction a été adoptée afin que (*suivant la Préfecture qui n'appuie ses dires d'aucune citation*) les préfets chargés de l'administration, aux termes de l'arrêté des consuls du 28 pluviôse an VIII, puissent conserver ou ressaisir les affaires qui leur paraîtraient ne pouvoir, sans quelque inconvénient, être décentralisées.

« C'est ainsi que la Préfecture de........... a toujours entendu se réserver la nomination des préposés d'octroi (*toujours malgré le décret de décentralisation*), ainsi que l'examen des états de non-valeurs présentés par les établissements charitables.

.... Je ne puis que persister à me réserver de statuer, à l'avenir, sur les affaires dont il s'agit, et je vous prie, en conséquence, de vouloir bien vous conformer à mes instructions.. »

La pensée dominante du décret de décentralisation est toute dans ces mots de la circulaire du 18 mai 1861 :

« Le décret du 13 avril 1861 a élargi les bases de la décentralisation administrative. Le rapport que j'ai soumis à l'Empereur à ce sujet vous indique suffisamment les motifs qui m'ont déterminé, de concert avec mes collègues, à proposer à Sa Majesté d'augmenter vos pouvoirs, et de conférer, dans certains cas, aux *sous-préfets placés sous vos ordres, le droit de décision*......... C'est une innovation importante que de conférer aux sous-préfets le droit de décision dans certains cas, et vous comprendrez sans peine qu'elle ne peut se justifier qu'à deux conditions : la vigilance de votre contrôle sur les actes des sous-préfets, et le zèle de ces fonctionnaires dans l'exercice des pouvoirs qui leur sont délégués....... Unissons donc nos efforts dans cette œuvre qui nous est commune. En appliquant de la *manière la plus large* le décret du 13 avril dernier, nous répondrons à la pensée de l'Empereur. Aussi, me ferai-je un devoir de respecter la liberté d'action qui vous est nécessaire pour exercer utilement les nouveaux pouvoirs dont vous êtes investi, comme je suis décidé, en même temps, à réformer, sans hésitation, celles de vos décisions qui sembleraient violer les règles de l'administration publique, ou porter atteinte soit à des droits, soit à des intérêts privés. »

Un préfet peut-il donner à ses sous-préfets des instructions diamétralement opposées à celles qu'il a reçues du Ministre de l'Intérieur ?

Peut-il spécialement réserver à sa décision des affaires qu'un décret a décentralisées au profit des sous-préfets ?

L'article 6 du décret du 13 avril 1861 a-t-il, notamment, la signification que lui donne le Préfet ?

Et cette interprétation préfectorale, exagérée par des commis de bureaux, plus autocrates qu'administrateurs, n'est-elle point repoussée par la logique, le bon sens, et par les termes formels de la circulaire ministérielle du 18 mai 1861, où se trouvent ces mots fort intelligibles, ce me semble : « *Les sous-préfets statuent sur les non-valeurs* ? »

Telle est la question.

En fait, les non-valeurs des bureaux de bienfaisance sont peu importantes. L'autorité préfectorale n'a aucun intérêt à revendiquer le droit de décision sur ces affaires, et, ce qui le prouve surabondamment, c'est que, dans l'espèce, le Préfet, reprenant à nouveau l'examen de cette affaire, l'a résolue dans le même sens que le sous-préfet.

Il n'y a donc, au fond de tout ceci, qu'une prétention bureaucratique, qu'une revendication de prérogatives non justifiée, et qui ne ferait point honneur à un préfet si elle émanait de son initiative.

Le ministre de l'intérieur devrait même, selon moi, réformer une telle décision comme entachée d'illégalité.

Tous les budgets primitifs des bureaux de bienfaisance prévoient une recette sous ce titre : « Produit des concessions de terrains dans le cimetière. »

L'ordonnance réglementaire du 6 décembre 1843 renferme, à cet égard (titre 2, art. 3), la disposition suivante :

« Nulle concession ne peut avoir lieu qu'au moyen du versement « d'un capital, dont deux tiers au profit de la commune, et un tiers « au profit des pauvres ou des établissements de bienfaisance. »

L'on a demandé si la part réservée dans les concessions de terrains au profit des pauvres constituait une donation devenue irrévocable par le fait même de son versement dans la caisse de l'établissement charitable. En d'autres termes, si cette somme, une fois versée dans la caisse du bureau de bienfaisance, ne pouvait plus en sortir sous aucun prétexte.

Les opinions à cet égard sont partagées, et je ne vois même pas que cette question ait été résolue par le Bulletin de l'Intérieur ; il faut donc argumenter.

Un maire concède à M. X. une concession dans le cimetière ; l'acte de cession est signé par les parties, enregistré, et le percepteur opère immédiatement le recouvrement de la somme exigible, dont il fait deux parts : l'une des 2/3 pour la commune, l'autre d'un tiers pour le bureau de bienfaisance. Quelques jours plus tard, M. X. s'aperçoit que le terrain concédé sera insuffisant pour sa famille, et qu'il ne peut l'agrandir d'aucun côté. Il propose alors au maire, qui accepte, de lui rétrocéder ce terrain et d'en prendre un plus étendu dans une autre partie du cimetière. Il verse une nouvelle somme fixée par le nouveau contrat, puis réclame, bien entendu, le remboursement de celle versée par lui précédemment. Le Conseil municipal, consulté, autorise le remboursement des deux tiers versés dans la caisse communale. Mais le bureau de bienfaisance refuse, en ce qui le concerne, de rembourser l'autre tiers, dont il a profité, et le Préfet, appelé à statuer, décide conformément aux prétentions du bureau de bienfaisance : on a toujours fait ainsi dans ses bureaux. Ses employés ont toujours considéré comme donation irrévocable la part faite aux pauvres sur les concessions de terrains, et ont toujours décidé qu'elle n'était pas remboursable.

J'avoue qu'en ceci encore, je diffère d'opinion avec la doctrine professée dans certains bureaux, pour ce motif : qu'aucune disposition de loi n'a consacré le principe que ces bureaux veulent faire prévaloir. En tout ceci, je ne vois et ne puis voir qu'un contrat fait de bonne foi, qui délie les parties des charges et conditions qu'il impose, dès le moment où il n'est point exécuté. Il ne s'agirait donc que d'une simple mesure de comptabilité, et la légalité veut que celui qui ne profite point d'une concession soit remboursé intégralement de la somme qu'il a versée pour l'obtenir. Toutefois, il est bien entendu que si les intéressés déclaraient abandonnée au profit des pauvres la part versée par le Receveur dans la caisse des bureaux de bienfaisance, l'administration ne pourrait se montrer que très-satisfaite de cet acte de bienfaisance, qui aurait alors le caractère de don manuel, et ne serait astreint à aucune formalité d'acceptation. Mais, en droit strict, le remboursement intégral de ce troisième tiers peut être exigé dans l'espèce. C'est, du moins, mon avis.

Dans quelques anciennes circulaires ministérielles (1) je trouve le mot *donation* employé pour désigner le tiers revenant au bureau de bienfaisance ; et c'est sans doute ce qui a perpétué jusqu'à nous la doctrine exposée plus haut. Dans le département de la Seine, les préfets et sous-préfets ont même fait figurer, jusqu'en 1834, sur leurs états périodiques de dons et legs, les sommes ayant cette origine.

La langue administrative commençait alors à se former ; la jurisprudence était en pleine éclosion ; on étudiait les prodromes de la grande loi municipale du 18 juillet 1837, toujours si vénérée. Bref, on pensait et on précisait. Depuis cette époque, le mot donation n'a plus jamais reparu avec cette signification dans les instructions émanant du Ministère de l'Intérieur.

Celle du 3 août 1867 définit ainsi ce produit : « Recettes légale-« ment attribuées aux pauvres, telles que le tiers du produit des « concessions de terrains dans les cimetières. »

Enfin, une solution du même ministère (*Bulletin* 1869, p. 333) dit expressément : « Son Excellence a rappelé en même temps

---

(1) Voir, aussi, l'article 11 du décret du 23 prairial an XII, implicitement abrogé par l'article 3 de l'ordonnance du 6 décembre 1843, et qui, du reste, ne paraît point avoir reçu de sanction légale.

qu'aux termes de l'article 3 de l'ordonnance du 6 décembre 1843, chaque commune est tenue d'abandonner aux pauvres, ou aux établissements de bienfaisance de la localité, le tiers des sommes qui lui sont ainsi dévolues. »

Rien de plus, rien de moins. Nous sommes donc bien loin, on le voit, de la solennité du mot donation, et de ses conséquences.

M. Champion, dans son excellent *Manuel de droit civil ecclésiastique* (Paris 1866, in-8°, page 149), dit lui-même expressément :

« La disposition de l'ordonnance de 1843, qui détermine d'une manière fixe la portion afférente aux établissements charitables dans le prix de chaque concession, dispense évidemment de toute formalité d'autorisation l'acceptation de cet avantage. Ce n'est pas là une donation, mais une aumône forcée, qui doit être simplement versée dans la caisse de l'hospice ou du bureau de bienfaisance. »

Ces mots *aumône forcée* sont encore de trop.

Le législateur s'est borné à attribuer sur le prix des concessions :

2/3 à la commune,

1/3 au bureau de bienfaisance.

* *
*

Les bureaux de bienfaisance, dont les revenus s'accroissent lentement, doivent rigoureusement limiter leurs dépenses à leurs ressources, et, en cas d'insuffisance, recourir plutôt aux quêtes supplémentaires qu'à la voie désastreuse d'une aliénation de rentes. Aussi, ne faut-il jamais régler leurs budgets en déficit. Si des dépenses ont été faites hors crédit, elles l'ont été sans autorisation. Dès lors, il faut laisser à l'administration charitable la responsabilité de son aventureuse comptabilité, et n'admettre les inscriptions de ces dépenses aux budgets, que dans le cas où la situation financière l'aura permis. — Je me hâte d'ajouter, au reste, que les bureaux de bienfaisance sont généralement administrés avec sagesse et avec prévoyance.

Les commissions administratives des bureaux de bienfaisance doivent s'attacher à maintenir la spécialité des crédits ouverts à leurs budgets, à perpétuer fidèlement la destination des fondations et à ne prendre à leur charge aucune dépense s'appliquant à des services étrangers à leurs attributions.

J'ai eu à contrôler, l'an dernier, la comptabilité d'un certain nombre de bureaux de bienfaisance de la banlieue de Paris, et j'y ai relevé les mentions suivantes :

Indemnité à l'instituteur ;
Indemnité à l'institutrice ;
Livret de caisse d'épargne en faveur des élèves indigents des écoles communales.

Ainsi, pendant plusieurs années, l'autorité préfectorale et sous-préfectorale avait réglé des budgets sans s'apercevoir qu'ils renfermaient des crédits qui, comme ceux-ci, s'appliquaient à l'instruction primaire, service absolument étranger aux attributions des bureaux de bienfaisance.

Il semble résulter, à cet égard, des explications fournies par les maires, que plusieurs conseils municipaux, trompés par les énonciations de la formule du « budget de la caisse des écoles » ont cru agir suivant le vœu de la loi et les intentions de l'administration en votant une imputation de fonds sur les revenus des bureaux de bienfaisance en faveur des élèves indigents.

La formule dudit budget prévoit, en effet, une recette sous ce titre :

« Allocation votée par le bureau de bienfaisance. »

Mais il est évident que cette énonciation ne peut être que le résultat d'une erreur, et que les bureaux de bienfaisance ne peuvent venir en aide aux communes d'aucune espèce de façon dans les dépenses de l'instruction primaire.

*
* *

Dans une autre commune, l'on inscrivait depuis longtemps en dépenses au budget du bureau de bienfaisance un crédit sous ce titre : « Rente C.... ; part afférente à M. le Curé, 120 francs. » —

Le Maire fut invité à produire le titre de fondation de cette rente afin qu'on pût s'assurer si les arrérages parvenaient exactement à leur destination. Le curé, qui cependant aurait dû recueillir de ses prédécesseurs la tradition de l'origine de cette rente, ne put fournir aucun renseignement. Il recevait les fonds, les distribuait aux pauvres, et ne s'occupait pas d'autre chose. Le Maire fit alors, dans les archives de la Mairie, des recherches minutieuses dont voici le résultat. — La rente à servir au Curé n'était pas de 120 fr., mais de 75 fr. seulement; savoir :

1° Legs C. — 27 mars 1826 — Rente : 60 fr., dont 30 francs à distribuer par les soins du Curé de la paroisse.

2° Legs B. — 3 mai 1836. — Rente : 50 fr., dont 20 francs à distribuer par les soins du Curé.

3° Legs A. — 1er février 1859. — Rente : 45 francs, dont 25 fr. à distribuer par les soins du Curé.

L'inscription de ces indications aux futurs budgets, prescrite par l'autorité préfectorale, assurera dorénavant d'une manière plus efficace la perpétuité des fondations et l'exact emploi de leurs revenus. — Je suis heureux, disait le Maire au Sous-Préfet — en lui transmettant les renseignements ci-dessus — que vous m'ayez mis à même de faire les recherches qui vont nous permettre de régulariser des distributions, bien faites il est vrai, mais contraires aux vœux des testateurs.

***

Depuis vingt ans, le bureau de bienfaisance d'un chef-lieu d'arrondissement inscrivait à son budget, sans que jamais le Préfet ait fait d'observations à cet égard, un crédit en dépenses, sous ce titre : « Remboursement à la commune d'une rente pour gratuité de l'instruction primaire, 140 francs. »

L'on prescrivit dans cette localité des recherches pour découvrir l'origine de la rente dont il s'agit, mais elles furent infructueuses. On ne put produire que deux délibérations, des années 1807 et 1854, desquelles il résulte que cette rente, due *originairement* pour *l'instruction de la jeunesse*, avait été placée en tiers consolidé pour 146 francs, et réduite depuis, par suite de conversion, à 140 francs.

En 1854, ledit bureau de bienfaisance rechercha vainement le nom du donateur de cette rente, et il décida, par une délibération du 19 novembre, que l'on négligea de faire approuver, que la rente dont il s'agit *serait rendue à sa destination* et remise au Conseil *communal chargé des dépenses de l'instruction*, ce qui fut aussi toujours négligé.

Il est présumable que la rente, objet des deux délibérations susvisées, provient de l'ancien *bureau de charité*, dont l'origine est antérieure aux bureaux de bienfaisance, créés en l'an V, et qui, comme les cures, les fabriques, s'occupait de l'instruction des pauvres.

Il est présumable aussi que cette rente était affectée, avec d'autres ressources, à l'entretien des écoles du temps, dites *petites écoles*, au sujet desquelles il n'existe qu'un nombre excessivement restreint de documents.

Dans tous les cas, une tradition constante établit que cette rente était originairement destinée à assurer le service de l'instruction primaire locale ; le bureau de bienfaisance l'a recueillie dans un temps où les attributions des divers services publics n'étaient point très-exactement déterminées. Le bureau de bienfaisance a demandé en 1854, et il demande encore aujourd'hui, à reporter cette rente à la commune, qui seule est chargée des intérêts scolaires. Dès lors, rien ne paraît devoir s'opposer à l'approbation des délibérations conformes, parfaitement légales, selon moi, prises à ce sujet par la Commission administrative du bureau de bienfaisance et par le Conseil municipal.

***

Une personne avait légué une somme de 10,000 francs à un bureau de bienfaisance, sous la condition que ladite somme ne pourrait être réclamée à ses héritiers que dix ans après son décès. — Le Maire consulta le Sous-Préfet pour savoir s'il y avait lieu de prendre hypothèque sur les biens délaissés par le testateur. — Le Sous-Préfet répondit négativement, mais à tort, car plusieurs solutions ministérielles rendues dans des cas analogues relatifs à des communes, ont établi ce principe : que l'intérêt d'un établissement légataire à prendre hypothèque sur des biens légués ne peut jamais être mis en doute. Au reste, l'administration municipale n'a besoin, dans ces circonstances, d'aucune autorisation spéciale pour requérir l'inscription, puisque c'est là un droit que l'article 1017 du Code civil assure aux légataires particuliers, et qui est ouvert audit bureau de bienfaisance depuis l'époque où il a été autorisé à accepter la libéralité dont il s'agit.

***

Ce qui précède m'amène naturellemect à parler des dons faits aux bureaux de bienfaisance, et de la façon de composer les dossiers qui les concernent.

Les instructions ministérielles recommandent notamment de joindre à ces dossiers :

1° Des renseignements sur la position de famille et de fortune des héritiers réservataires *ou* naturels, et, en cas de legs, leur consentement ou leur opposition à délivrance ;

2° Une copie des budgets et comptes financiers.

La production des pièces mentionnées au paragraphe premier donne lieu presque toujours à des récriminations vexatoires ou à des observations. Les notaires, surtout dans la région de Paris, sont unanimes pour répondre à l'Administration qu'elle outre-passe ses droits en demandant des renseignements sur la position de fortune des héritiers. L'un d'eux répondait récemment en ces termes :

« Les héritiers de M. X. n'ont fait aucune difficulté à l'exécution de sa libéralité. Le renseignement demandé ne me semble donc pas utile, et, dans tous les cas, l'Administration devrait comprendre que le devoir professionnel des notaires est en opposition directe avec cette demande. »

Il est hors de doute qu'en ce qui concerne les héritiers réservataires l'Administration peut et doit exiger la preuve que la quotité disponible n'a point été dépassée, et que ces héritiers consentent à la délivrance du legs.

Mais qu'a-t-elle besoin de cette preuve lorsqu'il existe un légataire universel qui a donné son consentement, lorsque, surtout, il n'y a que des héritiers naturels non réservataires ?

Elle demande plus alors que ne demandent les tribunaux civils appelés à prononcer la délivrance des héritages. — Et dans quel but ? — Le motif d'une telle exigence n'apparaît nulle part.

Aux termes de l'art. 916 du Code civil, celui qui n'a aucun héritier à réserve peut disposer comme bon lui semble de la totalité de ses biens.

Lors donc qu'un legs est fait dans ces conditions, l'Administration ne devrait se préoccuper que de savoir :

1° Si le legs est plus ou moins onéreux ;

2° Si ceux qui ont qualité pour le délivrer y consentent.

Hors de là, tout est arbitraire.

Quant aux oppositions d'héritiers naturels, jamais l'Administration ne devrait être influencée par elles. Les admettre, ou même les encourager, serait créer tacitement au profit des collatéraux un certain droit de réserve que la loi ne leur a point attribué et qui serait la négation de ce même droit de réserve consacré par l'article 916 du code civil au profit des seuls ascendants ou descendants.

Le droit absolu de tester implique forcément pour l'Administration une réserve très-grande vis-à-vis de ceux qui, devant les tribunaux civils, seraient, comme simples héritiers naturels, immédiatement déboutés de leurs prétentions s'ils osaient les produire.

A quoi peuvent servir les budgets qu'on annexe aux dossiers de libéralités ? me suis-je souvent demandé — C'est encore une superfluité dont l'Administration supérieure ne calcule pas toujours la portée. J'avoue n'avoir jamais fait usage de ces documents. Ils ne seraient utiles que dans le cas où une loi interviendrait pour dire aux établissements charitables : « Vous ne pourrez plus accepter de libéralités quand vos ressources s'élèveront au chiffre de.... » — Comme aucune loi n'a encore posé et ne posera, sans doute, de pareilles limites à l'assistance publique, la production de copies de budget est pour le moins inutile.

*

C'est surtout en matière de *dons* que l'administration départementale devrait, ce me semble, se montrer peu formaliste. Un propriétaire fait, par acte public, donation à un bureau de bienfaisance, qui l'accepte, d'une somme quelconque pour accroître les ressources de cet établissement. Assurément, l'administration a le droit de s'assurer que le donateur n'a point dépassé la quotité disponible; mais qu'elle le fasse au moins en termes mesurés, car il n'est guère d'exemple qu'un père de famille ait déshérité ses enfants, surtout de son vivant et par acte public, au profit d'une œuvre charitable quelqu'intéressante qu'elle soit. Selon moi, dans ce cas, l'administration devrait se borner à exiger du maire un certificat constatant que la position de fortune du donateur lui permet de faire cette libéralité.

*

J'ai constaté récemment le fait suivant :

Conformément aux instructions, le maire d'une commune est invité à produire des renseignements sur la position de fortune et de famille d'un bienfaiteur d'établissement charitable. Le Maire s'adresse, naturellement, pour les avoir, au donateur lui-même. Celui-ci, indigné de ce qu'il appelle la tutelle administrative, riposte en termes irrités contre les investigations auxquelles on veut soumettre sa fortune, et demande si on ne le croit plus en possession de la plénitude de ses facultés intellectuelles. Je sais, certes, ce que j'ai fait et ce que j'ai entendu faire ; au reste, je ne dois obéissance qu'à la loi, et *aucune loi* n'impose l'obligation à un donateur de produire de telles justifications.

C'était pour le maire en question un véritable cercle de Popilius d'où il était fort embarrassé pour sortir. Il s'adressa alors au sous-préfet, qui fit la réponse suivante :

« Je vous avais demandé des renseignements sur la position de fortune du donateur, et vous vous êtes borné à me transmettre une lettre par laquelle M. A. conteste à l'autorité supérieure le droit de recueillir ce genre d'information. Je vous prie de vouloir bien faire savoir, en mon nom, à M. A., que la production à l'appui des dossiers de libéralités, des renseignements dont il s'agit est prescrite par une circulaire du Ministre de l'intérieur, en date du 10 avril 1852 (*Bulletin*, p. 229). Voici textuellement le passage qui s'y rapporte :

« Les pièces de l'instruction sont : — pour donations entre

« vifs : .... des renseignements aussi exacts que possible sur la « position de fortune du donateur. »

« Ce point de doctrine est établi en termes plus formels encore dans une circulaire de principe du Ministre de l'Instruction publique et des cultes, en date du 10 avril 1862 (*Bull. Int.* 1862 p. 111). Il y est dit :

« *Renseignements spéciaux à produire.* — J'ajouterai, pour compléter les observations que j'avais à vous présenter, en ce qui concerne spécialement les donations entre-vifs, qu'il est toujours nécessaire, dans l'instruction des affaires relatives aux libéralités de cette espèce, de faire connaître si le donateur a, ou non, des héritiers à réserve.

« Les renseignements sur sa position de fortune et celle de ses héritiers présomptifs doivent toujours être fournis par le maire de la commune, et même, selon les circonstances, par le juge de paix du canton : *ces renseignements sont indispensables.* »

« En exigeant la production de ces renseignements, l'administration supérieure, s'inspirant des dispositions du code civil, a voulu pouvoir être en mesure de refuser, s'il y avait lieu, une donation qui excèderait la réserve légale, ou qui serait disproportionnée avec la fortune du donateur et celle de ses héritiers présomptifs. »

Toutefois, comme ce Sous-Préfet avait du bon sens, il dit encore au Maire : — Tranchons la difficulté ; coupons court au débat ; envoyez-moi un certificat constatant que le donateur possède une grande aisance, et je prierai M. le Préfet de vouloir bien, pour éviter tous nouveaux froissements, bien inutiles, au reste, se contenter de cette déclaration.

Mais, en fait, on le voit, la loi, que seule on respecte, et que seule on voudrait toujours voir résoudre les questions, fait encore ici défaut.

Pas de loi ! mais toujours des instructions ministérielles, qui, aux yeux du public, exigeant et méfiant de sa nature, sont censées n'avoir d'autorité que de bureau à bureau.

On a ri bien souvent, et avec raison, de ceux qui créent des fondations à perpétuité ; mais que ne voit-on seulement ce qui advient des conditions imposées par les testateurs trente ans, vingt ans, dix ans même après leur mort ! C'est l'acte de libéralité qu'on ne retrouve plus, et qu'on ne veut pas se donner la peine de rechercher ; c'est une condition réputée maintenant inadmissible, contraire à l'esprit du temps ; — c'est une rente qui a été encaissée par un bureau de bienfaisance, tandis qu'aux termes même de l'acte et de l'arrêté d'autorisation, c'est la commune qui aurait dû l'encaisser. — Ce sont des arrérages distribués exclusivement par le Curé, par exemple, et, dans tous les cas, par d'autres personnes que par celles désignées en l'acte; ou encore ce sont, ce qui est pire, des arrérages détournés par négligence ou intentionnellement de leur destination. — Le testateur a voulu que nous couronnions une rosière; nous ne le voulons pas, me disait, ces jours-ci, un administrateur de bureau de bienfaisance; nous accepterons cependant son argent, et quand nous l'aurons, nous en ferons ce que nous voudrons..........

Puis, planant au-dessus de ces petites roueries locales tout un monde de fonctionnaires, qui voient, entendent, glosent, ricanent et laissent faire !......... Disciples inconscients de cette écœurante secte des IE-MEN-FU, si bien décrite, sous le voile du pseudonyme, par l'un de nos amis, (1) et qu'on retrouve également dans l'ex-Empire français, et dans le présent Empire du Milieu.

⁂

Abordons maintenant le côté pratique de la question. Dans l'état actuel des choses, voici ce qui arrive. Un legs est fait, par exemple à un bureau de bienfaisance. Le Préfet ou le Sous-Préfet, suivant l'importance du legs et les conditions qui y sont attachées, en autorise l'acceptation, et adresse au Maire une expédition de l'arrêté qu'il a pris à ce sujet. — La surveillance de l'administration supérieure s'arrête là. — Une fois le legs autorisé, le Maire, de concert avec le receveur du bureau de bienfaisance, s'occupe de convertir les fonds en rentes sur l'Etat, puis, de ce côté encore, tout est fini. — Pour éviter les erreurs et les inexactitudes que j'ai précédemment signalées, je voudrais que l'arrêté d'autorisation portât expressément que la rente sera immatriculée au nom du bureau de bienfaisance, et que les arrérages seront employés annuellement à.......... (déterminer exactement l'emploi). Il ne faut point laisser à des commis inexpérimentés du ministère des Finances, et, dans tous les cas, complétement étrangers aux questions administratives, la responsabilité de cette importante mention. Ils se bornent, au reste, presque toujours, à indiquer, sur le titre de rente, la date de l'acte et le nom du notaire dépositaire, ce qui est insuffisant.

⁂

(1) M. le duc d'Acquaviva. — Journal *Le Salut*, n° du 12 décembre 1871.

Autant de legs, autant de titres de rentes, dirons-nous encore. — C'est le seul moyen, en effet, de ne pas confondre, par la suite des temps, la destination des diverses libéralités faites au profit d'un même établissement.

*
* *

Chaque budget devrait, en outre, reproduire chaque année, dans un cadre qui pourrait être ménagé au bas de la première page la nomenclature des rentes inaliénables, grevées de fondations.

Elles pourraient y être ainsi détaillées :

« Legs A...... en faveur des pauvres (ou : de 5 vieillards, de 4 vieilles femmes, etc.) — arrêté (préfectoral) du.......18.......100 »

Je ne vois pas d'autre moyen pratique d'assurer régulièrement la perpétuité des fondations.

*
* *

Quant à la formule imprimée des budgets des bureaux de bienfaisance, ne s'aperçoit-on donc point qu'elle est à modifier profondément ?

Sur celle typique usitée dans le département de la Seine, l'on n'a pas même prévu qu'il fallait y faire figurer :

En recette, un crédit sous ce titre : *Produit des concessions de terrains dans le Cimetière.*

En dépenses, les crédits suivants :

Remises du percepteur. — Timbre des comptes et des registres.

*
* *

Enfin, je crois fermement qu'il y aurait intérêt à provoquer de l'Assemblée nationale une loi ainsi conçue :

« Il sera tenu régulièrement, dans chaque préfecture et dans chaque mairie, un registre des dons et legs faits aux établissements publics de toute nature.

« Tous les cinq ans, ce registre sera soumis à un contrôle et à une révision, par les soins des membres du conseil de préfecture, qui devront s'assurer que les établissements légataires remplissent les charges et les conditions qui leur sont imposées par les actes de libéralité.

« Dès à présent, il sera fait un recensement général de ces libéralités, afin de constituer, pour toute la France, le grand livre de l'assistance publique. »

Que dire après tout cela ? — Qu'il y a beaucoup à faire pour ceux qui veulent se dévouer à la chose publique, mais qu'il y a aussi bien des luttes à soutenir, bien des déceptions à essuyer, et que la victoire n'est pas toujours au plus sage, au plus vaillant, au plus méritant. — Qu'importe ! Il faut agir. — L'honneur est à ce prix. — Donc, point de promesses, mais des actes ! — Il y a un 89 à accomplir dans l'administration française; accomplissons-le malgré tout, et que chaque jour, chaque heure, chaque écrit amène sa pierre à l'édifice que nous prétendons élever pour nos successeurs.

Vienne. — Imp. et Lith. de J. TIMON, rue des Capucins, 7. — 1871.

www.ingramcontent.com/pod-product-compliance
Ingram Content Group UK Ltd.
Pitfield, Milton Keynes, MK11 3LW, UK
UKHW020412250726
13967UKWH00006B/2605